뻐꾹새 울던 날

뻐꾹새 울던 날

이원문 지음

책나무

| 차례 |

강변의 노을 · 11 / 감자밭 · 12 / 멍석의 밤 · 13 / 선생님의 뜰 · 14 / 찔레꽃의 노을 · 15 / 고향 바람 · 16 / 누나의 그네 · 18 / 기억의 계절 · 19 / 먼 훗날 · 20 / 뻐꾸기의 노을 · 21 / 작은 인생 · 22 / 들꽃의 고향 · 24 / 울 밑 열매 · 25 / 찔레꽃 기다림 · 26 / 구름 인생 · 27 / 미운 기억 · 28 / 작은 세상 · 29 / 가면 · 30 / 여름 문턱 · 31 / 뻐꾹새의 눈물 · 32

제2부

석양의 그림 · 35 / 연극 인생 · 36 / 유월의 그리움 · 37 / 돌섬 · 38 / 고향의 냇가 · 39 / 그 담 길 · 40 / 아껴온 노래 · 41 / 유월 언덕 · 42 / 콩나물 장수 · 43 / 유화 등 · 44 / 선거 · 45 / 누에의 노을 · 46 / 띠구름 · 47 / 통일 · 48 / 외로운 기억 · 49 / 아버지의 들 · 50 / 운명의 강 · 51 / 여자의 눈물 · 52 / 풀밭의 일기 · 53 / 하루를 보내며 · 54

어느 아이의 슬픔 · 57 / 황 씨의 노을 · 58 / 전깃불 · 60 / 달맞이 운명 · 62 / 오이밭 · 63 / 인생극장 · 64 / 두꺼비의 섬 · 65 / 기억의 얼굴 · 66 / 산딸기의 언덕 · 67 / 여름 단풍 · 68 / 삶에 우는 밤 · 69 / 열무김치 며느리 · 70 / 메꽃의 담 · 72 / 하늘의 그림 · 73 / 세월을 읽는 마음 · 74 / 여름 계곡 · 75 / 두 번째 사랑 · 76 / 산딸기의 고향 · 77 / 솎음 · 78 / 소라의 바다 · 79

여름 아침 · 83 / 며느리의 칠월 · 84 / 노을 진 들녘 · 86 / 인연의 노을 · 87 / 어느 눈물 · 88 / 잔디밭의 밤 · 89 / 석양 길 · 90 / 추억의 꼐기(ice cake) · 91 / 여름밤 · 92 / 외로운 뜸북새 · 94 / 여름 인생 · 95 / 맨주먹 · 96 / 석양의 강 · 97 / 옥수수꽃 · 98 / 칠월의 사진 · 99 / 삶의 노을 · 100 / 독도의 밤 · 101 / 벼랑 끝 애국 · 102 / 도라지 언덕 · 104 / 삶 · 105 / 소나무의 선달 · 106

제1부

강변의 노을

알 수 없는 그리움
노을에 어리는 강
이 강변의 나
누구인가요

바람불어 돌아서면
머릿결 흩어지고
다시 돌아서면
노을에 젖어들고

누가 나를 부르는 듯
조용히 돌아보면
아무도 없어요
아무도 없어요

감자밭

텃밭 감자꽃이

언제 활짝 피어날까

줄기 놓고 보는 마음

흙 속이 보인다

두렁에 앉아

점치던 기억들

슬픔과 기쁨이

알알이 매달렸다

멍석의 밤

댑싸리에 지는 노을
밤 베짱이 어느새
아이들 부르고
멍석 위 누운 아이
밤하늘에
꿈 심는다

누구의 별이
어느 곳에 숨었나
가로지른 별똥별은
다 같이 보았는데
방향에 숨은 별은
아직도 못 찾았다

선생님의 뜰

옛날로 거스르는
그 시절 목조 교실
교실 창밖 채송화는
그대로인데
선생님의 모습은
자꾸만 흐려진다

흰 한복 차림의
예쁜 담임 선생님
화단에 꽃 보며
눈 못 떼었던 선생님
받아쓰기 걱정보다
더 궁금했던 날

우리 반 소문에
결혼하신다 했는데
전근 가신 그 후
선생님의 예쁜 모습
이제 아련히
추억에서 뵙습니다

찔레꽃의 노을

언덕 위 찔레꽃

하얀 찔레꽃

먼 기다림에

잠들었나

그날을 기다리나

석양에 그리움

노을에 젖어들고

가냘픈 꽃잎

잎새에 눕는다

고향 바람

부엉이 울린 바람
문풍지 따라 가버리고
눈 녹인 봄바람
버드나무 춤 띄운다

그 바람에 피어난
봄의 꽃들인가
어느새 마지막 봄
아카시아꽃 날리고

청 보리 알알이
여름을 부른다
이제 원두막에
자장가 바람불면

뜸북새 따오기
논 가운데 숨어 울고
처량한 그 울음에
가을바람 절기에 숨는다

산과 들 단풍 들면
들 메뚜기 뛰어놀 것인가

허수아비 산 넘는
외기러기 바라본다

누나의 그네

우리 누나는 어릴 적부터

그네를 잘 탔다

감나무에 매어 놓은

내 그네를 빼앗더니

처녀가 되어서는

구름 위로 오르는 듯

느티나무의 큰 그네로

하늘 높이 올랐다

기억의 계절

절기 따라 찾아오는
못 잊을 사계절
봄부터 겨울까지
애환이 서려 있다

크고 작은 일에
울고 웃었던 일
이 모두가 어디
추억뿐 이겠는가

제철에 피고 지는
오월의 들꽃
그 흐드러지게 피던 꽃이
눈 안에 들어온다

먼 훗날

논 뜸북 뜸북새야

너의 울음 처량하다

한세월 기다림에

무엇을 찾았느냐

벼 잎새에 숨은 세월

바람 따라 가버리고

한낮의 너의 울음

다시 너를 찾는구나

뻐꾸기의 노을

아카시아꽃 떨어지던 날

골짜기에 너의 울음

가까우면 서러웠고

멀어지면 외로웠었지

그리고 저녁 무렵

메아리에 흩어지면

움켜쥔 허기진 배

노을에 얹어 놓고

작은 인생

훑어 쥔 아카시아꽃
손 밖으로 흐르니
떨어진 꽃 아까워
다시 입에 넣는다
마지막 꽃이 될 것인가
며칠 더 참아 줄 것인가
보리밭 둑 아카시아꽃
시들어가고

영글어 가는 보리 이삭
양지부터 누레진다
허기에 바라본 아직 먼 보리 이삭
뻐꾸기 울음 어느새 마음을 녹인다
저 찔레 넝쿨 속 꿩 우는소리
세상이 버린 나 집에 가라 하나
아니면 찔레꽃 떨어뜨려
더 영글리려 하나

적막의 보리밭 산새 우는 소리
어느 작은 인생에게 무엇을 가르치나
뒤돌아보면 손에 쥔 꽃 입속에 들어있고
풀 잎새에 맺힌 눈물 떨어질 줄 모른다

찔레꽃의 외로움도 허기의 서러움도
그냥 지나칠 수 없는 한철 핀 꽃 속에 들어 있고
훗날이 된 오늘은 그 쓰라린 날의 교훈이
지지 않는 꽃과 함께 남모르게 가르친다

들꽃의 고향

지나는 길마다
그 흔하게 보았던 꽃들
그때는 그냥 그렇게 지나쳤는데
지금은 어느 꽃 하나 보고 싶지 않은 꽃이 없다

고향 생각에 피웠던 꽃 모두 보고 싶어라
냇둑 길 언덕배기에 크고 작은 꽃들
소 몰고 오면 뻐꾹새 울던 길
잃어버린 꽃 모두 보고 싶어라

울 밑 열매

뽕나무밭 오디는

이웃 머슴 아저씨 것이고

우물 둥치 앵두는

나의 것이다

찔레꽃 기다림

하얗기는 다 하얀
아카시아 찔레꽃
아카시아꽃 떨어지니
찔레꽃 따라지고
그날의 기다림
바람에 날린다
그동안 찾는 이
누가 있었나

먼 먼 뻐꾹새 울음
메아리에 멀어지고
흘러간 한세월
먼 기슭에 잠이 든다
이제 떨어져야 하는 날
떨어지면 바람이
어디에 놓아 줄까
석양에 부는 바람 풀 잎새 흔든다

구름 인생

나 찾던 이 다 어디 갔나
우리라 하던 사람 어디에 있고
가진 것 없으니 이웃도 없고
쥔 것 없으니 가까이하는 사람도 없더라
인생이란 그런 것인가
화내는 이 없고 웃던 이만 있던 사람들

그 웃던 얼굴에 싫은 표정도 있었으련만
그때 그 모습을 어찌 몰랐단 말인가
이제 없으니 이 자리를 떠나야 하나
아니면 그대로 머물러야 하나
한줄기 소나기에 마음 씻고 나니
또 한차례의 바람이 인생을 씻는다

미운 기억

이 길로 가야 하나
저곳으로 가볼까
손에 쥔 풀 잎새는
뜯어지는데
쥐어본 허공은
아무것도 없다

뜯어 물은 풀 잎새에
무엇이 들어 있나
올려 본 파란 하늘
구름 한 점 없고
오른 언덕 지나는 길
그늘 밑 시원하다

이제 떠나야 할
먼 뻐꾹새 소리
나 일어나면 어떻게
어디로 가야 하나
계절 없는 두꺼운 옷
밤을 기다리고
서글픈 저녁 무렵
석양에 물든다

작은 세상

그저 그렇게
지나는 풀밭
넝쿨에 감기고
쓰러져 눌리고

가까이 가 보니
그것도 아니다
그 풀숲 세계는
생명의 꽃밭

크고 작은 꽃 이름
이름이 무엇일까
기어가는 풀벌레
무엇 찾아 나서나

보이지 않는 생명의 숲
이슬이 마르면 낮이 되고
이슬이 내리면 밤이 된다
벌레들 즐거운 밤이 된다

가면

세상은 내 것이 아님을

세월도 나의 것이 아니고

어찌 내 것처럼 감추고 사는지

거울 앞에서도 감출 것인가

여름 문턱

마지막 서리에 봄의 꿈 싣고

울 밑 앞산 꽃으로 수놓았다

춤추는 버드나무 여름을 모르는지

수놓은 꽃 지던 날 소쩍새 떠나고

이제 찾아온 뻐꾸기가 부른다

뻐꾹새 떠나면 무엇이 찾을까

뜨락 봉숭아 뜸북새 기다린다

뻐꾹새의 눈물

그리움에 슬픔 담아
함께하는 뻐꾹새
누구의 어느 슬픔이
슬프지 않을까

보리밭 양지 찾아
보리 이삭 훑는 아이
골짜기 산소 찾아
정 그리워 우는 아이

흔들리는 풀 잎새
뻐꾹새의 마음인가
가깝고 먼 울음
인생을 가르친다

제2부

석양의 그림

석양에 부는 바람
은빛 산 아름답다
해 넘는 서쪽 하늘
노을빛에 물들고

바라보면 볼수록
아름다운 노을
지나는 구름은
누구의 그림일까

저녁 하늘 수놓은
이름 없이 그린 그림
일그러진 순간
어둠이 가린다

연극 인생

남은 연극 어떻게
연출될까

사연에 사연 담아
그 연출 다시 되나

세월의 무대에
괴로웠던 날

운명의 연출에
울고 웃었던 날

표정으로 감추고
분장으로 웃었다

유월의 그리움

지는 꽃에 오월 지나
유월에 접어드니
뒷산 밤꽃 향기
문틈으로 스며든다

그 많은 꽃 언제 지었는지
어느덧 벚 떨어져
개미 떼 모여들고
담 넘어 오디 앵두
검푸르게 익어간다

이제 뻐꾹새 울음에
여름이 될 것임을
뽕나무밭 오디는
누구의 것이 될 것인가

돌섬

이 섬 찾는 이
누가 있었나
하늘 끝닿은 바다
그날이 그날이고
철썩이는 파도 소리
아침저녁으로 변함없다

무엇을 만져도
바라보아도
이 섬의 외로움이
나 하나뿐이겠는가
벼랑 끝 소나무
먼 수평선 바라본다

고향의 냇가

고향 삼은 타향살이
고향이 몇 곳인가
나 이렇게 살아도
고향이 있었는데
고향이 없다던 나
나에게 미안하다

버린 고향 찾아와
둘러보는 마음
나 어릴 적 여기에서
이렇게 자라났나
냇가에 발 담그니
눈물이 앞서고
떠나던 날 징검다리
이 몸 찾아 떠나갔다

모질기도 모진 세상
나 떠나올 때 누가 있었나
말조차 싫었던 잃어버린 고향
손 하나의 보따리에 눈물 훔치고
서러움 잊으려 이 냇가를 건넜다
뻐꾹새 울음에 나도 울며 건넜다

그 담 길

기억의 시간들
장미꽃 담 지나
되돌아보면
한 송이 꽃보다
더 아름답고
아쉽고 아쉬워
그 자리에 서 있으면
옛 모습 그 미소가
살며시 떠오른다

이 길을 거닐며
손 잡아주던 날
그날을 더듬으면
많은 속삭임이었는데
그 기억 흐려지고
시간만 꼽아진다
이제 지워야 할 기억인가
예쁜 꽃잎 하나둘
힘없이 떨어진다

아껴온 노래

언제 들어도
어느 곳에서 들어도
누가 불러도
내가 불러도

가슴 한 곳에 남아
다시 부르고 싶은 노래
유리 많은 이 시대에
누가 그렇게 애창할까

다 잊고 고향 찾아
그 시절로 가고 싶다
봉선화꽃 물들이고
따오기 따라 떠나고 싶다

유월 언덕

오르내리던 뒷산 언덕
십리 길 남짓 그 책가방 메고
몇 년을 오르내렸나
힘들어 쉬고 늘어져 쉬던 언덕
어디 그것뿐이었나
지게 받쳐 세워 놓고
인생을 읽었던 언덕이었는데

그때 울던 그 뻐꾹새는
어찌 그렇게 슬피 울었던지
울다 울먹이고 또 울다 울먹이고
이 가슴에 무엇을 심어주려 그렇게 울었었나
이제 가방도 지게도 다 내려놓은지
어언 몇십 년의 세월
그 자리 찾아가면 나앉던 자리 찾을 수 있을는지

콩나물 장수

우리 엄마는

콩나물 장수였다

나는 시루에

윗목 찾아 물을 주었고

베보자기 들추면

껍데기 쓰고 자란 콩나물들

지금 다시 들춰보면

나를 알아보겠는지

유화 등

먼 시간만큼이나

가물대는 유화 등

반딧불 따라

얼마쯤 달렸나

유리병에 모은 꿈

지금도 반짝인다

그 전설 이야기에

유화 등이 무서워도

반딧불 따라

논길을 달렸다

선거

기다리는 사람
선택할 사람
누가 누구를
어떻게 선택하나

봉사할 사람인가
희생할 사람인가
만나지 못했어도
사진으로 갸우뚱

권리의 마음
동정이 가리고
선택의 순간은
약력이 휘젓는다

누에의 노을

들리는 뻐꾹새 울음 구슬프구나
앞산 자락 저 울음 언제 멎을까
시집의 이 뽕나무밭 뽕잎 떨어지면
한 살 더한 또 한해 잃는 것인가

한 잎 따 자루에 넣고
다시 한 줌에 손을 보니
곱디고왔던 손 진으로 얼룩지고
홑이불 실오라기 머리에 감긴다

울고 보챈 아이는 잠이 들었나
업을 띠에 늘어져 아무 소리 없고
매달린 오디만 하루가 다르다
웃음 잃은 홀로의 몸이 뽕잎이 가릴 것인지

받으러 올 시아버지 올 시간이 되어도
채워질 서너 자루 채워지지 않고
해 기우는 뽕나무밭에 그림자 지워지듯
홀로의 몸이 신세도 하루가 저문다

띠구름

붓 흘러가듯
그어진 띠구름
서쪽 하늘 멀리
그림이 그려있다

뭉게구름에 묻은 꿈
붓으로 그었나
지친 삶 모아
석양에 올렸나

바라보면 볼수록
아름다운 띠구름
노을에 물들어
하루를 빼앗는다

통일

이웃 나라
민족은 합치려 하는데
우리나라
민족은 왜 나누어 싸움만 하나

피 흘린 순국선열
그 역사를 어찌 잊는단 말인가
일제 강점기 36년의 교훈
남북한 우리 민족 독도 한번 다시 보자

외로운 기억

옛날이 그리워
이 자리를 찾았나
그날을 못 잊어
다시 찾았나

잊어야 했던 날
못 잊을 기억들

그날의 약속인 듯
파도에 휩쓸리고
부딪치는 소리마다
물거품만 남기네

아버지의 들

절기에 넣은 씨앗 무럭무럭 자라니
유월 들녘 마음 흐뭇하다
빈 곳 없이 넣은 씨앗
옮겨 심고 띄어 심고 사이에 풀 뽑으니
하루가 다르게 뼘을 오른다
저기 저곳은 이웃 논밭
이쪽으로는 나의 들녘이니
그늘에 앉아 바라보는 마음
근심 걱정에 보람도 함께 한다

정월 대보름 이른 봄부터
꿈적거려 시작한 농사
풍년과 흉년은 하늘에 있을 것인데
올 한 해 농사 어찌 되려나
마음은 풍년인데 근심 걱정은 흉년이다
그 머슴살이에 마련한 이 논밭
굽은 등에 세월의 흰머리는 알고 있는지
씻은 삽 옆에 놓고 담뱃불 붙이니
늦은 녘 뻐꾹새 울음 흐려져 간다

운명의 강

아무도 없는
한가로운 강가에
들리는 물새 소리
강 건너 멀어진다

나 아닌 누가
이 강가를 찾았나
바람에 여며진 옷
머릿결 흩어지고

흐르는 강물에
던져진 마음
쓸쓸히 걷는 길
홀로의 몸 외롭다

여자의 눈물

벌 나비 기다리는
이슬에 젖은 꽃
밤사이 내린 이슬
언제 마를까

이슬에 젖으나
내린 비에 젖으나
젖기는 매한가지
다 같은 꽃인데

풀밭의 일기

첫서리에 들어가고
늦서리에 나온 세상
그 사이 세상 밖에
무슨 일이 있었나
모르고 지났으니
다 모를 일인데

돋아나 둘러보니
모두 죽어 널려 있고
자라나 내려보니
다 썩어 가지 않겠나
바람이 읽어주는
순리의 법칙인가

흔들어 흔들려야 하고
어둠에 가뭄으로
쏟아지는 빗줄기에
묻힌 뿌리 보일까
근심으로 사는 세상
이제 버리면 어디로 가나

하루를 보내며

나 오늘 무엇을 했나
어제는 어떻게 보냈고
그리고 내일 그 일을 또 해야 하나
지난 일 돌아보면 기억이 없고
오늘도 허둥지둥 하루가 가물댄다

누구를 만나 바뀐 일도 아닌데
집에 와 누우니
온몸이 피곤하다
늘어져 천장 보면
내일이 걱정되고

이 생각 저 생각
뜬구름에 기와집 짓다
인간관계 흐려질까
인심 선심 다 쓴다
어느새 잠들면 그것이 하루이고

제3부

어느 아이의 슬픔

여름을 알리는 마지막 꽃인가
뻐꾸기 오가며 빈 보리밭 내려보고
감자밭 찾던 아이 보릿고개 넘는다
그 긴긴 보릿고개 얼마나 길었나

향기 잃고 지는 밤꽃 다 떨어지면
논 가운데 뜸북새 세월을 읽겠지
뜨락 봉숭아 그리움에 잠들고
장독대 채송화는 누구를 기다리나

황 씨의 노을

자네 이 아이는 누군가
네 아줌니 아줌니 심부름에 장터 들렀다
혼자 울고 있기에 데려왔어요
아마 지에 미를 잃었나봐요
집 물어봐도 대답도 없고요

세월에 묻히는 한 인생의 운명인가
운명을 짊어진 어느 인생의 세월인가
그럼 잘 됐네 키우는 것은 자네가 키우고
밥은 내가 먹여 부엌데기 시킬테니
자네 그리하겠는가

네 아줌니 어차피 아짐니네
머슴살이인데 어디로 가겠어요
똘망 똘망하게도 생겼지 그럼 그 애 이리 주게
안방에 데리고 간 아줌니 깨끗이 씻겨 옷 입히니
얻은 딸 하나 볼수록 예쁘네 지에미도 보고 싶을 텐데

그 후 ~ 그 후 ~ 얼마인가
주인아저씨 술상 봐놓고
안방으로 들어오라 하신다
무슨 이야기 하시려는지 무거운 입 열어

자네 내가 시키는 대로 하고 저 아이 클 때까지 여기서 살아

그리고 저 아이 발목이 자네 손목만 하면
내가 소 한 마리에 쌀가마니 얹어 줄 테니 그리 알고
그 후 약속은 시간이 지켜보고
아이의 발목은 세월이 말해 주었다
이것이 운명이고 아이의 숙명인가

오늘로 들일 다 끝냈으니 더울 때 떠나라하신다
주인아저씨 말씀 한낮에는 들녘이나 집이나 보는 눈이 많아
이따가 저녁 무렵 저 아랫길로 돌아가게 나
내 아이에게도 할멈 시켜 돈 몇 푼 찔러주고 일러둘 테니
이제 이 정든 집을 떠나야 하나 저물녘 석양에 노을만 진다

전깃불

처음 본 전깃불
어느덧 반세기
세상은 밝은데
눈속임인 줄 몰랐다

호야 등 등잔대
굴뚝 뒤에 버릴 때
그 석유로 밝히면
그대로인 줄 알았는데

전기 끊어져
다시 등불 밝히니
그 잘 보이던 글씨가
가물거린다

전기 있는 세상이
영원할 것인가
아니면 그 시절이
다시 올 것인가

반딧불 추억도
모깃불 추억도

그 시절에 묻히는
전설의 고향

무엇이든 전기 없이
밝힐 수 없고
하는 일 모든 것도
전기 없이 안 된다

달맞이 운명

운명의 달 높던 날

나뭇가지에 걸칠 때는

이슬이 없었는데

놓치고 오르니 흠뻑 젖는다

잡지 못한 가지였나

잡을 수 없었나

저 달 서산 넘으면

새벽이 될 것인데

오이밭

징검다리 건너
오이밭 지나는 길
어느새 맺힌 오이
주머니에 들어 있고
흘리는 뻐꾹새 울음
멎은 듯 안 들린다

흙 묻어도 맛있는
숨어서 먹는 오이
엉겅퀴에 찔려도
찔린 줄 모르고
뻐꾹새가 울어도
못 듣고 먹는다

지금 찾아가면
그 엉겅퀴꽃 있을까
이름 모를 들꽃들도
그렇게 피어 있고
눈에 밟히는 오이 먹던 들꽃
이제 아련히 기억에서 피어난다

인생극장

있고 없는 높고 낮음

흰머리도 그렇던가

길고 짧은 푸서리

첫서리에 시들 듯

백 년 안의 인생도

그렇게 시들 것을

두꺼비의 섬

저 먼 섬 그늘
갯벌 드러나
굴 바구니든 엄마
뒤따라간다

엄마는 굴 바구니
나는 굴 따게
주머니 속 누룽지
기다림의 약속일까

밀물에 엄마의 꿈
한 바구니 채워지고
지어놓은 두꺼비집
그 밀물이 허문다

기억의 얼굴

스쳐 가는 기억
들꽃에 숨은 얼굴
단발머리 코흘리개
어디에서 사는지

언덕 위 오르면
언덕에 좇아오고
냇가에 내려가면
같이 가자 울어대고

지나는 길 꽃 보며
꽃 따 달라 울던 아이
귀찮아 못 따 주고
싫어서 두고 간 꽃

지금 만나면
나 기억하는지
그 자리에 찾아가면
웅석의 꽃 피어있을까
먼 기억의 얼굴
보고 싶어진다

산딸기의 언덕

계절의 순리인가
유월의 법칙인가
밤꽃 향기 짙을 무렵
울 밑 앵두 익더니

그 향기 멎을 무렵
산딸기가 익더라
멎고나 낙화 되면
얼마만큼 익을까

유월의 마지막
구부러진 밤꽃
못내 아쉬움에
산딸기 바라본다

여름 단풍

계절에 병들어 한 시절 잃고
시간에 매달려 하룻밤을 바라본다
잡아주는 나뭇가지 놓치지 않을까
하룻밤도 짧은 시간 해 넘어가고
바람 불어 흔들리니 그것도 아니다

이른 봄 움 트일 때 다 같이 트였건만
나온 세상 유월은 이런 것인가
때 아닌 길고 짧음 고르지 못한 세상
가을날 기다림에 하루가 두렵고
두려워도 이미 그 가지를 놓쳐야 한다

삶에 우는 밤

조용한 밤 홀로의 시간
눈 떴다 감으면 옛날이 되고
다시 떠 둘러보면 내일이 된다
오늘 이 시간 나는 누구였나
옛날도 아니고 내일도 아닌 마음
뜨고 감은 눈도 아닌 나 시선이 없다
오늘을 찾아도 나 있던 곳이 없었다
뚜껑 열어 바닥보고
껍데기 벗겨보면 무엇이 보일까
그 삶들이 나에게 어떻게 하였고
마치 아닌 것처럼 들리는 소리에 그런 것처럼
벗겨지고 바닥 드러나면 두 얼굴들의 삶
그래도 못 듣고 못 보아 왔다
솜사탕에 즐겁고 물거품에 행복한 삶
사실이든 아니든 그 틈에 끼어 이 밤을 헤매인다

열무김치 며느리

어느 아이네 열무김치가 맛있을까
입맛을 가늠하는 시어머니의 마음
초여름 입맛 찾아 아들네 집 찾는다
둘째 네로 갈까 막내 네로 갈까
여러 형제 며느리 중 모지리네를 찾는다
사는 것도 그렇고 쌈지 숨겨 찾아 간다

다른 것은 몰라도 그 아이 열무김치만큼은
어느 며느리 중 따라올 아이가 없지
미리 알리고 찾아가는 시어머니의 사랑
며느리 솜씨에 홀딱 반한다
누가 모지리를 못 배웠다 무시하나
비법은 한 가지 친정 엄마의 교훈

콩밭 옥수수밭 깊숙이 씨 뿌려야 하고
햇볕이 없는 축축한 땅이라야 한다
절구는 소금은 간수 뺀 소금으로
곱게 찧어 살짝 숨죽이고
그 다음은 파 마늘 빨간 고추 따서 찧되
반 잘라 끝부분만 써야 한다

그리고 쌀뜨물 끓여 살짝 두르되

익히는 시간은 양지에다 시간 반쯤 두었다가
바로 찬물에 담그고 요즘 냉장고는 못 쓴다
고추장은 친정 엄마네서 퍼 온 것으로
내가 조금 담았다 숨기고
모지리 며느리 사랑 듬뿍 시어머니 입맛 듬뿍
누가 무시하고 이 며느리 솜씨를 따라올까

메꽃의 담

나에게 이슬이 없어요
내리는 비도 없고요
목 축여 보려 해도
축일 물이 없어요

한 가닥 줄기로
희망 찾아 뻗은 담
짧아서 못 오르고
힘없어 앉았어요

철 잊지 않으려
목마름에 피어 본 꽃
이 담 지나는 이
나 한 번 보았나요

목마른 나의 꽃
조그마한 나의 꽃
이 담 밑 나의 꽃
예쁘지 않나요

하늘의 그림

찾아오는 밤과 낮
하늘에는 그림이 많다
밤에는 별 그림
낮에는 구름 그림
구름이 없으면
새 그림을 그린다

밤에는 구름으로
먹칠까지 해놓고
구름 쪼개어 달까지 그린다

날마다 바뀌는
이 많은 그림들
누가 이 그림을 언제 다 볼까
우리는 못 보고 하루가 간다
낮을 지우려는
노을을 바라보며

세월을 읽는 마음

하룻밤 꿈같은 백 년의 세월
그 백 년도 못 채우고 떠나야 하나
어느 세월을 다 어떻게 말을 할까
지나보니 짧은 시간
바라보면 멀기만 했던 세월을
그 짧은 줄 모르고 기다려야 했던 날
기다린 만큼 짧지 않았겠나
눈 안에 넣은 것도 귀에 담아들은 것도
이제 이 세월 앞에 무슨 소용이 있겠나
기울어 눈물 마른 세월 콧물 흐르니
먼 하늘 산 넘는 구름에 허무하고
바람 불어 흔들리는 풀잎에 서럽다

여름 계곡

꽁꽁 얼어붙어
눈에 덮이던 날
물 밖은 추워도
춥지 않았어요

몰아치는 눈보라에
칼바람이 불어도
이 계곡 얼음 안
그리 춥지 않았어요

이제 뜨거운 날
숲 밖은 덥겠지요
여기 이곳 덥지 않아요
물소리 새소리에
바람까지 부니까요

두 번째 사랑

그 좋은 인연이
트집으로 넘어갈 때
있으면 사랑이고
없으면 원수다

그것이 여자이고
여자의 마음이다
법으로 끌고 가니
돈 재산 빼앗기고

없어서 못 주니
흉으로 덮는다
다는 아니어도
대부분이 그렇다

남은 희생 남자의 사랑
매듭진 죄에 거지 되고
약자 속에 숨은 여자
어느 날 부자 된다

산딸기의 고향

산딸기 찾아
그곳으로 가는 길
누가 따라올까
뒤보며 간다

조금 더 오르면
넝쿨이 있었는데
찾아가 뒤져보면
얼마나 있으려나

책보자기 던져 놓고
몰래 숨어 오르는 길
밟히는 꽃 엉겅퀴꽃
큰 벌 앉아 즐기고

탐스런 몇 가닥에
알알이 숨은 딸기
지금 그 산딸기
누가 찾아 따 먹나

솎음

뿌릴 때는 다 함께
정성 들여 뿌렸는데
뽑을 때는 어느 것을
어떻게 뽑을까
미워 뽑을 것도 아니고
미워 뽑은 것도 아니다

욕심이 그렇게 가리켜 뽑았다
가리켜 뽑아도
다 채우지 못할 것을
솎음이 얼마나 더 채워줄까
뽑힌 것도 남은 것도
못 채울 욕심을

소라의 바다

흩어진 머리
옛날이 여미는 손
또한 손에 든 마음
조용히 내린다

파도에 실려 오는
그날의 사랑인가
흠뻑 마신 바람
가슴에 스며들고

미련이 내린 마음
파도가 휩쓴다
발자국 따라 오는
그날의 속삭임

나 여기에 와 있음을
알고 있었는지
파도에 묻은 약속
부딪혀 부서진다

제4부

여름 아침

밤사이 내린 이슬
풀잎에 맺히고
들 지나는 왜가리
앞산 찾아 날아간다

대청마루의 새끼 제비
어느새 다 컸나
전깃줄에 모여 앉아
옹기종기 모여 짖고

채송화에 맺힌 이슬
봉선화 꽃 적신 이슬
건힐 안개 바라보며
문간 바람 기다린다

며느리의 칠월

넘어온 보릿고개
가을이 언제 오나
항아리에 보리쌀 가득
쌀 항아리 안 부럽다

솥뚜껑 울리며
보리밥 끓는 소리
부엌 안 서린 김
연기 피어 가득하고

앞마당 한구석
솥 거는 할머니
감자 빨리 씻어라
손주 년 부른다

장독대에 아끼던
그 작년의 고추장
우물 둥치 찬물에
열무김치 오이냉국

마당 쓸 던 할아버지
멍석 털어 펴 놓고

슬며시 부엌 보며
못 본 척 하신다

노을 진 들녘

소나기 한차례에
구름 걷히고
뜨겁던 들녘
바람에 식는다

풍년의 약속인가
목마름의 들녘인가

석양에 부는 바람
반딧불 부르고
목축인 파란 들
노을에 갇힌다

인연의 노을

먼 기억의 이름은
그대로인데
얼굴은 갈수록
희미해진다

마음을 당기는
그리운 정 하나
이제 모두 잊어야 하는지
그날에 묻어 잃어야 하는지

다시 만나면 그날이 돌아올까
우연히 스치면 반가워할까
가슴에 두고 여미는 정
그리움 따라 추억을 더듬는다

어느 눈물

둘이 행복했던 날
그다음은 무엇이었지요
아직 늦지 않았어요
미운 것도 아니고
미워한 적도 없어요
우리 다시 돌아가
처음처럼 꽃피워요
설레임의 그 만남
잊지 않았겠지요
영원하자 약속했던 날
나 당신 사랑했어요
사랑했어요
우리의 것
이것이 다였나요
아니었잖아요
사랑했어요
나 당신 사랑했어요
당신의 몸
당신의 약속 찾아가세요

잔디밭의 밤

동산에 뜬 달이
거짓을 하였고
쏟아지는 별들이
그 속삭임 속였어요
모르고 속아야 했던 날
그날 밤 그 약속
잊지 않았겠지요
거짓 달에 속인별들
구름 속에 꼭꼭 숨어
내려보지 않는지요
그 이슬에 젖은 옷
아직 마르지 않았어요

석양 길

하나의 이 세상
무엇이 그리 많은지
접어두고 묻어도
다 못 덮는 얇을 세상

밤낮으로 들리는
귀 찢는 소리는
어둠이 못 덮는다
눈감아도 찔러대나

싫어도 찾아오고
버려도 얻는 세상
다 털어 내려놓고
어디로 가야하나

추억의 꼐기(ice cake)

할머니가 부쳐주는

고소한 밀떡

솥뚜껑 뒤집어

밀떡 부치던 날

할아버지 고무신 훔쳐

아이스꼐기 사 먹었다

여름밤

넉넉지 못한 우리 집
은하수에 꿈 싣고
별자리 찾던 날
부자네 오빠가
감자 들고 놀러 왔다

아부지 안 계신 후
자주 놀러 온다
텃밭 많은 부자네 오빠
옥수수도 들고 오고
참외 수박도 들고 온다

우리들은 반가워
얻어먹어 좋은데
고마워하는 엄마에게
큰언니 짜증 낸다
우리들에게도 괜히 짜증 낸다

손톱에 예쁘게
봉숭아 물 들인 언니
저녁 무렵이면 머리 빗고
더 예쁘게 물들이고

우리에게 괜히 투덜대며 나간다

외로운 뜸북새

적막의 들녘
고요한 세상
스치는 바람
마음 씻기고

나부끼는 벼 잎새
인생을 가르친다
뜯어 문 풀 잎새에
무엇이 들어있나

풀 눕혀 앉으니
지난날 스쳐 가고
그 부족했던 세월
눈에 다시 어린다

여름 인생

툇마루에 부는 바람
한 세월 모으고
시원한 부채질에
몸 늙는 줄 모른다

옥수수 잎 비벼지는 소리
무엇을 가르치나
목말라 물 찾으니
우물 안에 내가 있고

문뜩 본 하늘에
흰 구름 흘러간다
저녁 무렵 매미 울음
오늘이 며칠인가

맨주먹

쥔 것도 없고
가진 것도 없다
아무것도 없이 조용히 펴보는 손
다시 쥐어보니 땀밖에 없었다
기댈 곳 없고 의지할 때 없는 몸
옛날이나 지금이나 있어야 사는 세상이 아닌가
허기지니 누가 나에게 밥 한 그릇 떠줄까

돈 찾아 밥 찾아 부대끼고 부딪치고
못 듣고 못 보고 허리 휘기까지
그 무시에 얼마나 힘들었나
굳은살의 손과 발 마음은 얼마나 아팠고
엄동설한 삼복더위 몇십 년의 부족 했던 세월
나는 나에게 무엇을 먹이고 입혀왔나
이 얼굴 손 주름은 그 세월을 알고 있는지

석양의 강

이 들을 지나 산마루에 오르니
석양에 부는 바람 하루를 지운다
흐르는 구름 위 지난날을 얹진 마음
보이는 강물에 무엇을 띄울까

구름은 말없이 옛날 거둬 산 넘고
흐르는 저 강물은 어찌 나를 바라보나
옷에 묻은 때 마음에 묻은 때
모두 다 버리고 다음을 찾는다

옥수수꽃

친구야
어디서 어떻게 사는지 보고 싶구나
지금쯤 고향에 옥수수꽃 피었겠지
할머니네 담 안 살구도 노랗게 익었고
순 꼭대기 옥수수꽃 바람 한 번 불면
옷에 묻고 눈에 들어가 별로였잖아
그런데 그 수염만큼은
잊지 못할 너와 나의 노리개였지
곱게 땋으면 순이 머리 되고
빗어 내리면 너희 할아버지 수염이 되었고
어른이 무엇이 그렇게 좋았던지
뜯어 턱에 붙이고 다녔었지
이파리 찢어 묶으면
내 동생 댕기 머리도 되었고
또 하나 생각나 할머니네
네 돌팔매 실력에 살구 얻어먹었잖아
나는 던져 살구커녕 장항아리 깨었고
그 후 나는 어떻게 되었겠니
옥수수수염으로 곱게 따주던 순이 머리
친구야 순이를 누가 더 좋아했었지
우리 둘이서 그 밭 찾아가 순이 머리 따주자
친구야……

칠월의 사진

빛바랜 사진 찾아
그날을 찾는 날
달력으로 짚어보면
끝 무렵인 것 같은데
요일로 짚으니 팔월이 된다

가슴에 묻은 사진 그 모습일까
슬며시 꺼내니 마음 설레고
그 바닷가 바닷바람
방 안까지 불어온다
둘이 찾아갔던 곳
그 파도 소리인가

무엇이 꿈이었고 사랑이었나
빛바랜 사진에 못 잊을 설레임
부끄러운 얼굴에 옛 모습 마주치고
잡아준 손 놓으려니
발자국이 따라온다

삶의 노을

처음과 끝을 이어보는 시간
끊겨질 삶의 끈이 얼마나 많았었나
끊어지면 잇고 또 끊어지면 잇고
가닥 찾아 잇기 까지 몇십 년의 오늘
나 아니면 누가 이 끈을 이어줄까
다음을 바라보고 이었던 매듭들
이 시간까지 이은 매듭은 얼마나 많았고
하루에 매달려 밤낮으로 이은 매듭
못 찾고 놓치면 다음이 없다는 부담감
그 부담감 눈언저리로 오르내리던 날
소리 듣고 매듭지며 담고 흘러온 세월
이 모두가 삶이고 인생이었나
눈 오고 추운 날 움츠려들어 못 풀고
이제 더워 부채질에 다 내려놓으니
지을 매듭 안보이고 지은 매듭 풀어진다

독도의 밤

일본에서 밀려오는

검은 먹구름

독도의 밤하늘

별만 덮겠나

벼랑 끝 애국

69년 전부터
칼날 세우는 줄 모르고
집안싸움만 했던 우리
그 칼날 세우는 대장간 한번
가본 사람이 있나
이제 든 칼에 서로 아우성
벼슬에 눈멀고 돈에 어둡던 우리
그 칼에 찔려도 벼슬이고 돈인가
찌르기 전 꼬리부터 떼어가도
떼어 가도록 보고만 있을 것인가
쌀독 바가지 긁는 소리에
이웃 쥐 들락날락 다 파먹도록
보고만 있었던 우리
나라의 위기는 강 건너 불구경으로
개인의 행복 위해 그동안 어떻게 했나
예측하건대 그들 손에 들어가면
강점기 36년은 비늘 벗긴 것이고
그 비늘 벗기다 실패한 그들
이제 도마 위에 올려놓고 회칠 것이다
우리는 초고추장 뒤집어쓰고
그들 이에 씹혀 그 뱃속으로
들어갈 수밖에 없고

우리 이제 그만하자
아직 늦지 않았으니
다 버리고 나라 사랑하자

* 붙임 글 : 그전에 우리 앞집 살았던 어르신이 계셨었는데 그분이 일제 시대에 와세다 상대를 나와 조선 총독부를 거쳐 경기도 전매청 과장을 지내셨다 하데요 그분 말씀이 일본 놈들이 우리 민족의 씨를 점차적으로 아야 없앤다는 계획 정책을 썼다 들었습니다 그 말씀을 듣고 너무 화가 났었지요

도라지 언덕

찾은 산 올라서니
파란 들녘 한눈에 들어오고
한차례의 바람에
벼 잎새 나부낀다

외로우면 찾았던
이 뒷산 언덕
칠월의 적막이
뜸북새 울리나

찾아간 바위 아래
몇 포기의 도라지꽃
보라색 하얀색
그 시절로 데려간다

삶

눈감을 무렵
떠오르는 기억들
내일이란 무엇이고
어느 일이 찾아올까

보내는 밤과 낮에
묻어가는 시간들
오늘의 손놀림은
다 기억하고 있는지

먼동 터 해 뜨니
움직여야 하고
석양에 어두우니
이것이 오늘인가

소나무의 선달

날카로운 선달 바람
소나무에 스치면
귀 닫아도 들리는 듯
그 소리 매섭고

멈춰서 찾아가면
솔까래 수북하다
하루 이틀도 아니고
몇 날 며칠 쌓였나

긁어모은 광 한구석에
아껴온 솔까래
초하루 보름날 큰일에 때고
그 다음 생일날 칠석에 땐다

이 도서의 국립중앙도서관 출판예정도서목록(CIP)은 서지정보유통지원시스템
홈페이지(http://seoji.nl.go.kr)와 국가자료공동목록시스템(http://www.nl.go.kr/kolisnet)에서
이용하실 수 있습니다. (CIP제어번호 : CIP2017005730)

뻐꾹새
울던 날

초판 1쇄 발행 2017년 3월 27일

지은이 이원문 **펴낸이** 임정일
책임 임병천 **편집** 김지해, 김수경 **디자인** 이동헌

펴낸곳 책나무출판사
출판신고 2004년 4월 22일(제318-00034)

주소 서울시 영등포구 신길3동 325-70 3F
전화 02-338-1228 **팩스** 0505-866-8254
홈페이지 www.booktree.info

ISBN 978-89-6339-513-5 03810